Mein Rubaiyat

Sadakichi Hartmann

Writat

Diese Ausgabe erschien im Jahr 2024

ISBN: 9789361462092

Herausgegeben von
Writat
E-Mail: info@writat.com

Nach unseren Informationen ist dieses Buch gemeinfrei.
Dieses Buch ist eine Reproduktion eines wichtigen historischen Werkes. Alpha Editions verwendet die beste Technologie, um historische Werke in der gleichen Weise zu reproduzieren, wie sie erstmals veröffentlicht wurden, um ihre ursprüngliche Natur zu bewahren. Alle sichtbaren Markierungen oder Zahlen wurden absichtlich belassen, um ihre wahre Form zu bewahren.

Inhalt

STATT EINES VORWORTS:

William Marion Reedy,

St. Louis Mirror:

Ich werde die Maske fallen lassen und Ihnen das Geheimnis meiner Verse verraten. Sie sagen, sie machen auf Sie den Eindruck von Uneinheitlichkeit und Unvollendetheit. Ich stimme Ihnen voll und ganz zu. Wie ich in meiner öffentlichen Ankündigung erklärt habe, ist ein Gedicht von der Reichweite und dem Umfang von „My Rubaiyat " niemals vollständig. Zweifellos wird es in den nächsten zehn Jahren viele Veränderungen erfahren. Ich sage absichtlich zehn Jahre. Sehen Sie, ich besitze die Arroganz der Überzeugung. Ich glaube, es wird überleben, einfach weil es einen populären Akkord anschlägt und versucht, wie vage auch immer, eine gebrochene Melodie wiederzugeben, die in jedem Kopf summt. Jemand anders wagt sich vielleicht auf ähnliche Wege und schafft es, selbst die Anspruchsvollsten mit Reimen zufriedenzustellen. „My Rubaiyat " wird vielleicht in die hinteren Regale gestellt . Nun, wir werden sehen. Ich betrachte mein Werk mit objektiven Augen. Es ist jetzt noch ein junges Ding. Es wird wachsen und niemand wird sein Wachstum mit größerer Wertschätzung beobachten als ich selbst . Die Zahl der Verse wird sich zwar nicht vergrößern, ich wünsche ihnen aber aufrichtig, dass sie an Klarheit und Kraft sowie an musikalischem und bildlichem Ausdrucksreichtum gewinnen.

Was die Verse angeht, möchte ich folgende Erklärung abgeben. Ich habe die achtsilbige Strophe wegen ihrer knappen Ausdrucksweise gewählt. Sie ist am wenigsten anpassungsfähig an jeglichen Rhythmus-Schub, aber am förderlichsten für die Vermittlung fragmentarischer Stimmungen und Gedanken. Das Weglassen von Reimen habe ich aus keinem anderen Grund als der technischen Schwierigkeit versucht. Reimlose Zeilen wie ein Gedicht lesen zu lassen, ist die mühsamste Aufgabe, die sich ein Liedermacher stellen kann. Es ist die Eitelkeit des Fremden, seine Beherrschung einer Sprache zu zeigen, die weder die Sprache seines Vaters noch die seiner Mutter war. Aber ich widerspreche Ihrer Aussage, dass ich Rhythmus verachte. Ich habe den vagen Verdacht, dass Sie wirklich das Metrum meinen. Mein Metrum ist rau und eigensinnig und anfällig für Unreinheiten, wie zum Beispiel, dass ich die letzten beiden Silben in Wörtern wie „glücklicher" und „sonniger" entweder als eine oder als zwei zähle, ganz wie es meine Fantasie oder vielmehr meine Wertschätzung für Rhythmus vorschreibt. Mein Rhythmus ändert sich ständig, aber er ist sozusagen unterschwellig immer spürbar. Ich habe einige Erfahrung als Leser (obwohl Vortragskünstler über meinen Interpretationsstil die Achseln zucken mögen – mögen sie zucken) und ich habe die Angewohnheit, beim Schreiben die Worte laut vorzulesen, während ich sie niederschreibe. Lesen bedeutet, den Worten beim Aussprechen einen gewissen Sinn und Schwung, eine gewisse Farbe und einen gewissen Klang zu verleihen. Wenn meine Verse diese Möglichkeit der akustischen Befriedigung enthalten , können sie nicht völlig ohne Rhythmus sein. Zweifellos ist mein Sinn für klangliche Alliteration fremd, unbewusst orientalisch. Ich spüre eine klangliche Verwandtschaft, nein, sogar eine Reimandeutung in Worten wie „Chance" und „Spring", „Herde" und „Füße" am Ende aufeinanderfolgender Strophen. Die Alliteration japanischer Dichter ist (aufgrund der Eigenheiten der Sprache) viel subtiler als die Wortmusik unserer Laniers und Whitmans , obwohl sie nie mit der kunstvollen Präzision eines Poe oder Swinburne ausgeführt wird. Es bleibt immer fragmentarisch und ähnelt selten einer vollständigen Orchestrierung . Außerdem fehlt meinen Zeilen der Wert einer kontrapunktischen Struktur. Doch sie haben eine Qualität, die im Allgemeinen übersehen wird. Sie besitzen bildliche Harmonie. Meine lange und anhaltende Beschäftigung mit der Kunst lässt mich Dinge nicht nur sehen, sondern auch in Bildern denken. „My Rubaiyat " ist voller Bilder für alle, die die geistige bildliche Sicht haben, um sie zu sehen. Zeilen wie „verwandeln sich in Phantome mit dem kälteren Morgen" und „in einer Bergstadt zwischen Rosen" sind so konzentriert wie jedes Bild, das in einem *Tanka* (d. h. einem japanischen Kurzgedicht) zu finden ist .

Kritiker könnten behaupten, dass bildliche Suggestion *als* Hauptmerkmal eines Gedichts nicht den anerkannten Formen der Poesie entspricht. Dieser Einwand ist für mich bedeutungslos. Ohne den Geist der Innovation hätte es keinen Anreiz gegeben, das Gedicht zu schreiben. Wie die Komponisten der damaligen Zeit glaube ich an die alten Ideale, aber an neue Ausdrucksmethoden.

Gedicht zu schreiben , das alle anspricht: Zimmermädchen ebenso wie Kenner, gewöhnliche Geschäftsleute ebenso wie einsame Künstlerseelen. Wer wird entscheiden, ob mir das gelungen ist oder nicht? Nur die breite Öffentlichkeit. Das Gedicht ist zweifellos zu didaktisch für fragile Ästhetiker, die nichts als flüchtige Worte verherrlichen, aber es ist sicher kein Versäumnis, zu versuchen, Gedanken auszudrücken. Sogar Vertreter der modernen Schulen versuchen dies – gelegentlich. Die Art des Ausdrucks ist eine andere Sache. Sie ist angreifbar. Aber es ist traurig, wenn man sich entschuldigt, dass ein Kritiker nichts über ein bestimmtes Thema weiß, und gleichzeitig absichtliche Stiche in genau diesen Dorn im Fleisch seiner Unwissenheit macht. Reime sind sicherlich veraltet. Und der angebliche Mangel an Rhythmus ist nur eingebildet. Würden Sie japanische oder chinesische Musik mögen? Sehr wahrscheinlich nicht, und doch enthalten sie einen ebenso feinen Rhythmus und eine ebenso musikalische Qualität wie jede moderne Komposition. Nur sind sie vager, subtiler, anders …

Und an diesem Unterschied hängen alle logischen und ausweichenden Argumente. Die in „My Rubaiyat " enthaltene praktische Philosophie kann natürlich als unmoralisch oder unreligiös angegriffen werden , aber die Technik des Gedichts kann nur aus einem Blickwinkel diskutiert werden.

Mit freundlichen Grüßen,

SADAKICHI HARTMANN .

MEIN RUBAIYAT

ICH.

Was sollen wir träumen, was sollen wir sagen,

An diesem trostlosen Tag, in diesem traurigen Klima!

Im Garten verwelken die Astern,

Rauch von Unkrautfeuern verwischt die Ebene,

Die Stunden vergehen mit düsterer Anmut –

Können wir schwul sein, wenn der Himmel grau ist?

II.

Wäre die Freude ein beständigerer Gast,

In palmengesäumten, sonnigeren südlichen Ländern,

Eine leuchtende Welt aus Grün und Gold

Lassen Sie sich vom Charme orientalischer Lieder umhauen!

Es ist eitle Täuschung, so zu denken

Dieses Leben wird sich mit dem Tapetenwechsel ändern.

III.

Der Mensch kann den Tatsachen nicht entkommen –

Ach, die strenge Pflicht steht im Vordergrund,

Für gewisse Dinge müssen wir tun,

Folgen Sie dem Ruf Ihrer inneren Stimme.

Ruhige, freudige Tage kann man nicht umwerben

Es sei denn, wir haben Frieden mit unserem Gewissen.

IV.

Das Leben ist für die meisten eine mühsame Aufgabe,

Ein unaufhörlicher Kampf um das tägliche Brot,

Wir können nicht so handeln , wie wir möchten,

Wir können nichts erreichen, wenn wir danach streben.

Die Last fröhlich tragen

Ist alles, was uns diese Erde ermöglicht .

V.

Unsere müde Seele mit schwachem, gezwungenem Lächeln

Doch selten erklimmt er die höheren Themen,

Der schöne Hafiz und Anakreon

Haben sie umsonst getrunken, gelacht und gesungen!

Geben Hain und Gutshof nicht mehr nach

Die Idyllen des Theokrit!

VI.

War der Mensch einst glücklicher als heute?

Wer ist da, um die Geschichte zu erzählen?

Von Sklaven oder Cäsaren der Vergangenheit?

Noch immer wird unser Blut jeden Frühling bewegt ,

Noch immer lassen uns Bücher und Musik träumen,

Warum dem „Schnee von gestern“ nachtrauern?

VII.

Es gab immer mehr bevorzugte

Die sich unbeschwert in der Sonne des Glücks sonnten.

Der Rest hat geschuftet. Und du und ich?

Wir hören immer wieder die gleichen Reime,

Wie der Wechsel der Jahreszeiten, Tag und Nacht,

Wir kommen einfach, verweilen und gehen.

VIII.

Wir betreten die Welt ungebeten,

die Straßen entlang , wie wir sie am besten kennen.

Der eine wird reich geboren, der andere arm,

Wer weiß, was einem Sterblichen am meisten hilft.

Vor dem Schlafen reiben wir uns die Augen

Wir bleiben für immer, was wir sind.

IX.

Das Lachen der Kindheit ist verschwunden,

Die Spielzeugburgen, die wir gebaut haben, sind verloren —

Können wir in den nächsten Tagen einlösen

Die Enttäuschungen der Vergangenheit!

Unsere Kinderlieder werden sich ändern

In jubelnde Liebeslieder!

X.

Leichtsinnige Jugend, überall Lächeln

In taugetränkten Gärten des Frühlingsmorgens

Die Heimlichkeit des Zifferblatts wird nicht beachtet.

Die Jugend will erobern, die Sphären beherrschen,

Während die Sonne ihren unbarmherzigen Lauf nimmt

Und die Schatten werden länger.

XI.

In offenen Wäldern in einer Sommernacht,

Das Geräusch des Windes in den Blättern—

Zwei vagabundierende Liebende Hand in Hand —

Über den Baumwipfeln der wandernde Mond.

Oh, diese wahnsinnige Besitzgier!

Die Seele an blutrote Lippen verschwenden.

XII.

Sex ist eine Macht, die jeder schätzt,

Wir verehren es auf Knien,

Wie alter Wein verleiht er den Zauber

Von Vergessenheit und Ekstasen,

Die Momente schweben auf goldenen Wolken

In Regionen des weißen Jenseits.

XIII.

Ach, diese Freuden dauern nie,

Dass wir den Märchenwald verlassen müssen

Und fahren Sie weiter auf der großen Autobahn.

So sehr Horizonte auch locken,

Sie fliehen vor uns, je mehr wir verfolgen

Zu Entfernungen, die wir nie erreichen können.

XIV.

Je mehr wir geben, desto weniger gewinnen wir –

Das ist eine bittere Wahrheit.

Doch Leidenschaft ist eine flüchtige Sache

Wie Blumen in der Sommerhitze verwelken,

So eifrige Küsse, Schenkel an Schenkel

Verwandle dich in Phantome, wenn der Morgen kälter wird.

XV.

Warum musstest du, Liebste, mich verlassen?

Warum muss sich ein Freund vom anderen trennen.

Vielleicht finde ich die Antwort

Inmitten heulender Winde und Regen

Wo düstere Wälder schwanken und stöhnen

Und Blitze erschüttern die dunkelsten Höhlen.

XVI.

Nur wenige glauben, sie könnten geben, ohne etwas dafür zu bekommen.

Sie versuchen, mit Liebe zu tauschen.

Liebe kommt, sie ist hier, sie geht

Hinterlässt feuchte Augen und gebrochene Herzen.

Wie können wir als junge Menschen erraten:

Der Winter der Liebe kehrt nie zum Frühling zurück.

XVII.

Liebe ist ein Gewächs, eine wunderbare Pflanze

Das seine Samenkapseln ungesehen verstreut,

Das seltenste unbekannte Vergnügen verströmt

An die wenigen, die den Traum verehren.

Denn die Liebe verschwendet alle ihre Schätze,

Warum sollte es eine Rückgabe verlangen?

XVIII.

Wenn die Jugend vergeht, wenn die Liebe verblasst,

Im grauen Alltag schwindet die Hoffnung,

essen , warm sitzen, ausgiebig trinken, fest schlafen,

So laufen die Stunden aus dem Glas.

Hier und da eröffnen sich neue Perspektiven

Doch die Menschen bleiben mürrisch dort, wo sie sind.

XIX.

Oh, aus der Stadt zu fliehen,

In die blau schimmernde Nacht,

Es spricht von allem, was ich hätte lieben können,

Es spricht von allem, was ich sehen wollte,

Verstehen, besitzen und fühlen –

Warum ist mir so wenig eingefallen!

XX.

Ach, mein Schicksal ist nicht anders,
Es ist wie bei allen anderen.
Es wuchsen Blumen am Wegesrand –
Sie gehörten mir. Ich habe sie nicht ausgesondert.
Es gab Chancen für Segen
Als wir beide nicht gesegnet waren.

XXI.

Kann ein Wesen jemals Dir gehören?
Kennen Sie die Gedanken eines Freundes?
Warum verraten Sie Ihre Wünsche an Fremde?
Wenn Sie ein wahres Herz besitzen ?
Das Sonnenlicht vergeht. Die Nacht naht.
Waren Sie irgendjemandem gegenüber loyal?

XXII.

Wir ernten die Ernte, die wir säen.
Reiche Ernten könnten in der regenlosen Hitze versengen
Über Nacht durch Wind oder Frost verderben –
Harte Gesetze des Zufalls und der Umstände!
Doch wenn deine Saat eitel wäre wie Spreu
Das Deine wird nie zu Dir kommen.

XXIII.

Lassen Sie mich nun zur Küste weitergehen.
Beobachten Sie die Überfahrt der weißen Segel,
Die Möwen in ihrem Spiralflug,
Die Brecher, die die Wellen erhellen,

Und wie in den Streifzügen der Kindheit
Werfen Sie Kieselsteine ins Meer.

XXIV.

Sie hüpfen über die glänzende Oberfläche,
Sie sinken und verschwinden aus dem Blickfeld
Wie alles, was auf dieser Erde lebt.
Doch an der Oberfläche wie ein flüchtiger Gedanke,
Jede Welle hat eine innere Wirkung
Und wellenartig bewegt sich die azurblaue Salzlake.

XXV.

Der Kreis weitet sich, wandert weiter,
Mit jeder Emotion, die stark empfunden wird
Vorwärts drängt es über die Wellen
Von sturmgepeitschten Ozeanen zu befreien
Seine Flut der Schönheit am Ufer
Von einer hoffnungsvollen und sonnenverwöhnten Insel.

XXVI.

Und dort inmitten einer dünneren Luft
Um in einer großen Tat zu erblühen –
Ob es mit der Hand oder dem Verstand geschieht –
Für die Umwälzungen des Rennens,
Um den Gipfel der Wahrheit zu erreichen
Wo Licht Sie und alles umhüllt.

XXVII.

Dies ist das Land, in dem riesige Geister,
Größer als Licht, größer als der Weltraum
Höre das Flüstern des Unendlichen,

Und mit stolzer Trauer in ihren Augen,

Ihre wildmähnenden Pferde sind immer bereit,

Erhebe dich weit in den Himmel der Gedanken.

XXVIII.

Doch wer kann solche Flüge verfolgen,

Wer pflückt die Sterne aus der blauen Nacht!

Vorstellungskraft, träges Ding,

Wird den fröhlicheren Launen nicht gehorchen,

Unser Geist kann nur so weit blicken

Als ob das Schicksal ihm Augen zum Sehen geliehen hätte.

XXIX.

Die Menschen denken nicht, sie träumen nur,

Sie sehnen sich nur nach groben, rauen Dingen,

Irrlichtern nachjagend,

Sie versuchen, den Erfolg mit Gewalt zu erreichen,

Es lockt sie zu wilderen Szenen

Wo Wölfe im Rudel düstere Beute jagen.

XXX.

Warum diese stumpfe Eile, diese schäbige Verschwendung

Von den vollsten Kräften der Jugend und des Mannesalters?

Um Reichtümer für Ihre Erben anzuhäufen

Die höchsten Interessen scheinen gering,

Und kein Geld eines Menschen gebietet Gesundheit,

Ebenso wenig kann es Freundschaft oder Liebe beinhalten.

XXXI.

So viele machen es wie andere,

Sie können nicht aus dem grünen Schimmel aufsteigen

Mit denen ihre Gedanken überwuchert sind.

Für sie wehen keine Lotosblüten,

Sie beugen sich mürrisch jedem Joch,

Und wie Maulwürfe unter der Erde graben.

XXXII.

So Menschen, die in niedrigen Schichten geboren wurden

Müssen ihre Last Tag für Tag schleppen,

Es ist schwer, etwas Angeborenes zu heilen

Und verlangsamen Sie den Auftrieb zu höheren Ebenen.

Wenn von morgens bis abends Plackerei herrscht –

Sie müssen irdisches Leid erleiden.

XXXIII.

Sie rühren die Kohlen , drücken den Blasebalg –

Weißes Eisen schimmert in der Schmiede

Die Luft ist Staub, die Häuser schwarz,

Rauchdrachen wickeln sich um Halm und Stapel

Und rülpsen Sie Ihren üblen Atem auf die Straße.

Wo ist die Sonne? Ist der Tag zur Nacht geworden?

XXXIV.

diesen zu sprechen ?

Von süßen Düften frisch gemähten Heus,

Rote und blaue Blumen im Weizen,

Das alte Gehöft, Scheunen und Ställe,

Kühe schlurfen auf der Straße im Sonnenuntergang nach Hause –

Das Angelusgebet über den Erntefeldern.

XXXV.

Es macht Freude, zu arbeiten, so sagt man,

Und es ist gut, dass man sein Lob singt,

Oder die Menschheit in blasser Verzweiflung

Würde Fabrik, Schmiede und Werkstatt verlassen,

Statt durch ihre tägliche Mühsal zu leben

Ohne einen Gedanken daran, dass der Tod nahe ist.

XXXVI.

Angst vor dem Tod denken die Menschen nicht

Von ihrer vagen Bedeutung auf dieser Erde.

Blind hoffen sie auf das Glück danach

Oder über Dinge spotten, die sie nicht erraten können,

Denn ist nicht der Tod die Ursache allen

Das hat das menschliche Gehirn schon immer beunruhigt!

XXXVII.

Warum leben wir, warum hoffen wir,

Warum existiert diese Welt überhaupt?

Wie können wir es wagen, zu lieben und uns zu paaren

Wenn jeder Weg mit Dornen übersät ist ,

Wenn Kinder unser Schicksal teilen

Und das Alter begrüßt die Nacht gern!

XXXVIII.

Und es ist endloser Schlaf und Nacht.

Erlösung oder neuer, heftiger Schmerz?

Scharfer Pech oder abgestandene Ambrosia!

Es werden zu viele Götter verehrt,

Kann einer recht haben und alle anderen unrecht?

Wer löst das Problem, warum wir sind?

XXXIX.

Es gibt keine Antwort auf die Frage,
Wer weiß, wo wir uns wiedersehen!
Die Sternenwelten öffnen sich nachts
Erzähl uns von anderen Wunderwelten—
Drehen sie sich für uns durch den Raum,
Sollen wir dort mehr Luft atmen?

Größe XL.

Folge jenen Pilgern des Ostens
Durch dunkle Zypressenalleen,
Durch goldene Tempel, rote Portale –
Treu erklimmen sie den heiligen Berg
Und dort steht ein leerer Raum
Ist das das Siegel des Grabes?

XLI.

Einige glauben es zu wissen, andere zweifeln,
Aber wer kann allen Balsam spenden?
Wenn alle gut und fair wären, sich zu treffen
Es braucht kein Paradies,
Wir würden uns nicht nach anderen Himmeln sehnen
Und sammel Früchte von jedem Baum.

XLII.

Aber was für einen traurigen Gebrauch hat die Welt gemacht
Von der grenzenlosen Fülle der Natur.
Die Offenen und Freien, die Vernünftigen und Wahren
Werden von törichten Menschenmengen niedergetrampelt.
Gier, unfruchtbar, schamlos, herrscht über alles,

Für Christus ist auf Erden kein Platz.

XLIII.

Sie träumen vom Weltfrieden
In Zeiten, in denen die Gier noch wilder wird
Als in den Tagen der Skalden und Hunnen –
Oh, träume von einem brüderlichen Rennen,
Vom Glück für die ganze Menschheit!
Wann wird sich die Liebe als stärker erweisen als der Krieg!

XLIV.

Das Schwert soll das Schwert zerbrechen, sagt man,
Und eines Tages wird die Gewalt die Gewalt erwürgen .
So marschieren Männer in rote Schlachten,
Ihre verstümmelten Körper liegen verstreut auf den Ebenen,
Während die Mutter über der Leiche jammert,
Ihr Erstgeborener wurde getötet, ihr Lebensstolz.

XLV.

Warum sollte die Jugend aus der Ferne getötet werden ,
Rennen kämpfen in tödlicher Not!
Gibt es keine brachliegenden Felder mehr zum Pflügen?
Ist die Sense des Todes nicht scharf genug?
Oh, Menschheit, wann wirst du aufwachen
Zu einer Ehre, die edler ist als der Tod!

XLVI.

Wenn kein Schritt marschierender Armeen
Als Antwort auf das Signalhorn einer Nation,
Wenn Jung und Alt sich weigerten,
Waffen gegen Brüder kennen sie nicht,

Dann erst, in einer trüben Zukunft

Mögen wir die Morgentauben des Friedens begrüßen.

XLVII.

Ein heiliger Krieg muss geführt werden —

Mann und Frau frei zu machen :

Die Welt wird mit Signallichtern aufblitzen,

Jedes Land erklingt mit der Stimme seines Volkes –

Denn aus jenen purpurnen Bächen

Es wird ein gesünderes, sonnenwarmes Leben entstehen.

XLVIII.

Für gewisse Dinge müssen die Bedürfnisse geändert werden,

Die Zeiten können nicht so trist und grau bleiben.

Die Menschen müssen ein freieres, windiges Leben führen,

Frauen verlieren ihre Blüte nicht mehr

In Plackerei für Bett und Kost,

Und Kinder altern vor ihrer Zeit.

XLIX.

Luftzüge reiner Luft, helle Lichtstrahlen

Kommen kostenlose Geschenke vom Himmel,

Warum sollten traurige Mütter, gebrechliche Kinder

In dunklen und grausigen Hütten Kiefer,

Frieren und verhungern, und mit durstigen Augen

Erleben Sie, wie Fröhlichkeit mit Gesang und Tanz vorüberzieht.

L.

Und Hunger ist eine furchterregende Sache.

Es stellt den besseren Teil des Menschen in den Schatten,

Es bleibt nur eine verdorrte Hülle

Von etwas , das leben und atmen sollte.

Alle edlen Triebe verwandeln sich in Geister,

Spukende Ödländer des Geistes.

LI.

Es hebt das Messer zu tödlichen Stichen,

Es verwandelt alle, die es beeinflusst, in Bestien.

Es presst Fackeln zu Fäusten,

Und friedliche Menschen beginnen zu revoltieren.

Wir stehen am Rande von Vulkanen

Und doch sind dort lächelnd Häuser verteilt.

LII.

Was können wir tun, wie können wir helfen!

Die Armen können den Armen nie helfen,

Die reichen, aber verstreuten Almosen

Von dem, was der gemeinen Herde zusteht.

Die Unkrautfelder sind dicht bewachsen,

Wer bahnt müden Füßen einen Weg!

LIII.

Oh, die Hilflosigkeit der Alten,

Von den Bedürftigen, Kranken und Einsamen.

Können Sie erklären, warum sie leiden,

Müssen einige alles verlieren, während andere Erfolg haben?

Kann niemand einen dornenlosen Krone

Ohne der Menschheit zu schaden?

LIV.

Oh, diese Häuser der verdorbenen Vernunft,

Wer würde bei solchen Anblicken nicht weinen .

Vor ein paar Jahren waren sie wie wir,

Sie arbeiteten und spielten, sie liebten und lachten,

Und jetzt – Bestien ohne Vernunft;

Wohin irren ihre einstigen Freuden und Hoffnungen!

LV.

Und diejenigen, die in Todsünde lauern,

In dessen Lebensbuch Blut und Gold steht,

Diebe, Banditen, Ausgestoßene, Landstreicher ,

Ewige Opfer des Gesetzes,

Wer sich nicht ändern kann, der hat keine Chance

Um ihre schmutzigen Hände von der Schuld reinzuwaschen.

LVI.

Sie wissen nicht, was sie auf der Erde tun sollen,

Ihr Becher ist gefüllt mit Hass und Lust.

Keiner hat es ihnen beigebracht. Wirst du es ihnen beibringen?

Haben Sie eine größere Seele als sie ?

Sie haben eine Glückszahl gezogen,

Für sie ging das Glück auf verlorenem Posten.

LVII.

In törichter Güte streben manche

Um die ewig schmerzende Wunde zu stillen,

Und so lehren und so predigen sie.

Wie eitel zu denken, dass Ihre Idee

Kann die Eitelkeit der Dinge heilen,

Das ist Federball und Federball.

LVIII.

Wie kann ich richtige Anweisungen geben?

Wenn ich selbst ein Wanderer bin!

Weiter laufe ich und immer weiter

Auf meine Art umwerbe ich die Sonne

Und Arkadien gestalten

Von vorbeiziehenden Winden und vorbeiziehenden Wolken.

LIX.

Denn mein Glück kann nicht das Eure sein ;

In demütiger Ekstase könnte ich leben

In einer Bergstadt, zwischen Rosen,

Mit Rotkehlchen, die an meinem Tisch schlemmen,

Während Wälder und Felder, Täler und Bäche

Dort drüben wäre mein gelobtes Land.

LX.

Solche einfachen Gerichte mögen Sie vielleicht nicht,

Für dich mögen die Winde zu milde wehen —

Ich kann deine gut gepflasterten Straßen nicht betreten

Obwohl sie Ihnen vielleicht grün erscheinen.

Jeder Weg führt zu einem bestimmten Standpunkt,

Was Ihnen am besten gefällt, ist das Beste für Sie.

LXI.

Sonnenschein wollen wir, aber auch Schatten,

Jede Freude verlangt ihren Schmerz,

Jede Wange muss den Fall der Tränen kennen

Dass viele traumwandlerische Hoffnungen vergeblich waren.

Trauer fördert unbekannte Schätze zutage

In den Höhlen des Geistes.

LXII.

Haben Sie schon einmal einen Schatz verloren?

Viel wertvoller als Gold oder Gesundheit!

Hinter sich her folgte ein weißer Leichenwagen mit schwankenden Schritten

Das deinen liebsten Traum wegtrug,

Saß am Sterbebett deiner Mutter.

Oder die stumpfen, starrenden Augen eines Freundes geschlossen!

LXIII.

Du weißt schon, der Frost, der einem das Mark erschüttert,

Dass alles, was wir lieben, Lehm ist.

Lautlos gleitet ein Boot über den Styx,

Dennoch hinterlässt es Licht in seiner Spur ;

Wenn müde Ebenen durch Regen grün werden

In tränenerfüllten Nächten dehnt sich die Seele aus.

LXIV.

Tränen durchfurchten die Gedanken, sie stärken den Willen,

Reinige die schmutzigen Stellen des Geistes,

Schenke schiffbrüchigen Herzen wohltuendes Licht.

Glücklich, wer, von Kummer getrieben,

Lichtblicke aus den Wellen des Schmerzes

Und segeln mit ihren Booten zu friedlichen Häfen.

LXV.

Das ist die wahre Philosophie,

Jedes Kind kann diese Lektion lernen –

Gehen Sie Ihren eigenen Weg, so gut Sie können

Ohne fremdes Terrain zu betreten;

Lächeln, spielen, singen und am Leben sein
Auf jeden Schlag der Umstände.

LXVI.

Um die Stunden zu meistern, wie sie kommen,
Begrüße die Tage, wie sie vergehen,
Deinen Nacken niemandem unterzuordnen,
Um der volle Herr seiner selbst zu sein,
Tun Sie etwas Gutes, wenn Sie können –
Das ist das Glück des Lebens.

LXVII.

Um einem Freund in großer Not zu helfen,
Um ein Wort zu den Unterdrückten zu sprechen,
An Dinge zu denken, die der Menschheit helfen,
Freude zu verbreiten, ungebeten, ungesegnet –
Denn wissende Geister erraten den Rest –
Das ist das Glück des Lebens.

LXVIII.

Ja, das Leben ist eitel , das Leben ist leer,
Aber warum einen traurigen Refrain wiederholen,
Dieses Echo von Khayyams Vierzeilern,
Solange jeder Tag ein Morgen hat,
Solange die Obstgärten wieder blühen,
Und leere Tassen dürfen wieder aufgefüllt werden.

LXIX.

Obwohl wir uns daran erinnern, dass die Tage kurz sind,
Lassen Sie uns die vergehenden Augenblicke zum Summen bringen.
Bienen surren im Heidekraut,

Gibt es Sonnentau nur für sie?

Ein bisschen Freude scheint heute gerechter

Als die strahlendsten Festungen Spaniens.

LXX.

Es gibt Freuden, die jeder erlangen kann ,

Um einen Ehepartner aus irgendeinem noch so kleinen Grund,

Gastgeber für treue Freunde sein,

Um ein paar eigene Grundstücke zu gründen,

Wo Mütter lachen und Kinder toben,

Und genießen Sie dort Gesundheit und Wohlbehagen.

LXXI.

Eines Tages Religion unvoreingenommen

Kann die dringendsten Bedürfnisse des Tages unterstützen,

Das Leben wird ungehindert und freudig

Ohne die schwarze Magie des Rechts.

Wissenschaft und Kunst beweisen ihren Nutzen

Und lasse den Herzschlag aller schneller werden.

LXXII.

Ihr Leute, kommt aus euren Träumen heraus,

Werben Sie um das Glück und Sie können es gewinnen,

Erfülle die Welt mit Taten der Freude,

Vergiss graue Sorgen und zerlumpte Arbeit,

Trotze tapfer der Dünung und dem Sturm

Und machen Sie sich auf den Weg zu unbekannten Landzungen.

LXXIII.

Suche die Schönheit und du wirst sie finden,

Trotzen Sie dem Andrang auf der überfüllten Straße,

Oder ruhen Sie sich am grünen Berghang aus
Und kommuniziere mit Bäumen und Vögeln,
Mit der Erde und den moosbewachsenen Felsen,
Und bete am Schrein der Götter.

LXXIV.

Es gibt Rosen und es gibt Jugend,
Es gibt Freuden und Sorgen und Liebe,
Morgen- und Abenddämmerung, die Mittagssonne,
Die sanften Ebenen, der Himmel und das Meer,
Keiner hat sein altes Geheimnis verloren,
Ereignisse vergehen , die Schönheit bleibt .

LXXV.

Lasst uns allem, was ist, Schönheit abringen,
Jeder auf seine eigene armselige Weise,
Und unbeschwert wird das Leben weiterfließen,
Selten wie ein langgezogener Sommerabend,
Und wir werden jeden Moment begrüßen und segnen
Bevor es in der Dunkelheit versinkt.

www.ingramcontent.com/pod-product-compliance
Lightning Source LLC
LaVergne TN
LVHW041813190726
843493LV00009B/2901